TRAITÉ

D'ANALYSE LOGIQUE

RAISONNÉE

PAR

Jean HAURET, INSTITUTEUR

PAU

IMPRIMERIE ET LITHOGRAPHIE VERONESE, RUE BAYARD, 1

— 1858 —

TRAITÉ
D'ANALYSE LOGIQUE

RAISONNÉE

PAR

Jean HAURET, INSTITUTEUR

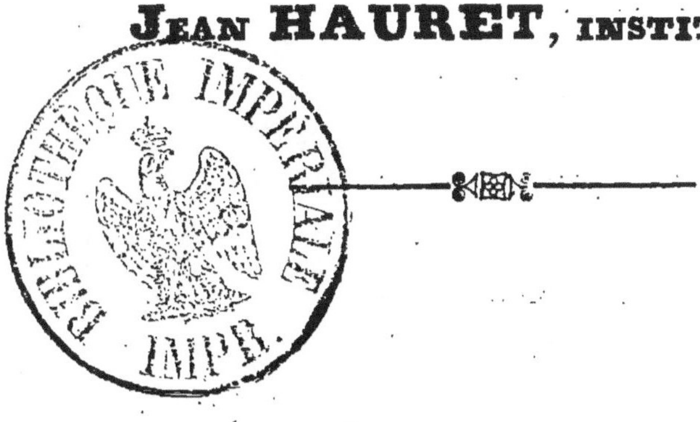

PAU

IMPRIMERIE ET LITHOGRAPHIE VERONESE, RUE BAYARD, 4

— 1858 —

TRAITÉ

D'ANALYSE LOGIQUE

RAISONNÉE

—

L'Analyse Logique est, sans contredit, la partie la plus importante à connaître pour qu'on puisse bien écrire la Langue Française. Sans la connaissance de cette matière si facile et si simple, dont s'occupe la seconde partie de la Grammaire, qu'on appelle la Syntaxe, il est très difficile de se rendre maître des difficultés si multipliées que présentent l'emploi des mots et la construction des phrases en Français.

Introduction.

En analyse grammaticale, chaque mot est analysé séparément ; en analyse logique, il n'en est point ainsi : on embrasse à la fois tous les mots qui constituent une proposition, et on analyse cette proposition.

On appelle proposition l'énonciation d'un jugement. Avant d'aller plus loin, il est utile que nous définissions le jugement. Un jugement est l'affirmation entre la convenance ou la disconvenance de deux idées ; ainsi je suppose : si, ayant l'idée d'un enfant qui me paraît petit, j'affirme que l'enfant est petit, en disant : *Cet enfant est petit,* j'ai énoncé un jugement sur l'idée d'enfant et l'idée de petit, que j'affirme se convenir, et c'est là une proposition.

Pour qu'on puisse énoncer un jugement il faut nécessairement deux idées, qui sont : la première, celle de l'objet auquel on va comparer une autre idée, et la seconde, cette autre idée que l'on affirme convenir ou ne pas convenir à la première.

Pour qu'il y ait jugement, il ne suffit cependant pas d'avoir deux idées ; ainsi il ne suffirait pas d'avoir l'idée d'enfant et l'idée de petit pour que ce fût là un jugement, il faut encore affirmer la convenance ou la disconvenance de ces deux idées, *par leur liaison avec un mot qu'on appelle verbe,* alors seulement il y a jugement, et c'est l'énonciation de ce jugement qu'on appelle une proposition.

Dans une proposition il faut donc essentiellement trois parties qui sont : la première l'objet duquel on va juger, on l'appelle sujet ; la seconde la qualité que l'on juge convenir ou non au sujet, on l'appelle attribut ; et la troisième le mot qui lie le sujet à l'attribut, et que l'on appelle verbe. En analyse logique on place d'abord le sujet, puis le verbe et ensuite l'attribut.

Dans une phrase il y a autant de propositions que de jugements énoncés, ou bien, que de verbes à un mode personnel, énoncés ou sous-entendus ; chaque verbe à un mode personnel indique donc une proposition.

Décomposition.

Il y a deux sortes de propositions : la *principale* et l'*incidente*.

La principale est celle qui est l'objet principal de la pensée, et celle dont dépendent toutes les autres.

L'incidente est celle qui ne peut avoir par elle-même un sens complet et qui dépend de la principale.

On reconnaît généralement qu'une proposition est principale, lorsqu'elle ne commence ni par une conjonction ni par un pronom relatif, sauf pourtant les conjonctions, *et, ou, ni, mais* qui n'annoncent une *incidente* que lorsqu'elles sont suivies d'une autre conjonction ou d'un pronom relatif; ces conjonctions annoncent autrement, presque toujours, une proposition qu'on appelle principale relative.

On reconnaît qu'une proposition est au contraire incidente lorsqu'elle commence par une conjonction ou par un pronom relatif.

Il y a deux sortes de propositions principales : la principale absolue et la principale relative.

La principale est dite *absolue* lorsqu'elle est seule principale dans une phrase, ou, s'il y en a d'autres, lorsqu'elle est la première énoncée.

La principale est dite *relative* lorsqu'elle n'est pas la première principale; ainsi, si dans une même phrase, il y a plusieurs propositions principales, la première à énoncer est dite principale absolue, et toutes les autres sont des principales relatives.

Il y a deux sortes de propositions incidentes : l'incidente déterminative et l'incidente explicative.

L'incidente déterminative est toute proposition qu'on ne peut supprimer de la phrase sans nuire au sens.

L'incidente explicative est toute proposition qu'à la rigueur on pourrait supprimer de la phrase sans que le sens en souffrît. La première sert à déterminer le sens de la phrase, tandis que la seconde ne fait que donner des explications dont on pourrait à la rigueur se passer.

Ces propositions sont appelées incidentes parce qu'elles tombent, en quelque sorte, sur une autre proposition, qui est presque toujours la proposition précédente, pour en compléter le sens.

Une proposition peut encore être *pleine, elliptique, implicite* et *explétive* ou *redondante*.

Une proposition est pleine, lorsque toutes les parties constitutives, c'est-à-dire sujet, verbe et attribut sont énoncés dans la proposition.

Exemple : Ces livres sont instructifs.

Une proposition est elliptique lorsqu'une ou plusieurs parties constitutives sont sous-entendues. Exemple : Cet enfant est méchant comme toi; sous-entendu, *comme toi es méchant, ou comme tu es méchant*.

Une proposition est implicite, lorsque toutes les parties constitutives sont renfermées dans un seul et même mot, lequel mot est presque toujours une interjection. Exemple : Hélas ! qui signifie, je suis peiné, je suis malheureux, etc. Les mots oui et non sont aussi des propositions implicites, exemple : Es-tu heureux, oui; c'est-à-dire je suis heureux; il en est de même de non.

Une proposition est explétive ou redondante, lorsque certaines parties constitutives sont exprimées plusieurs fois. Exemple : moi, je veux cela. Les mots je et moi sont sujets tous les deux de veux; ils représentent le même être. Cette proposition est le contraire de la proposition ellyptique.

Du Sujet.

Le sujet dans une proposition est simple ou composé, complexe ou incomplexe.

Le sujet est simple, quand il ne réveille à l'esprit que l'idée d'un seul être ou d'êtres de même espèce. Exemple : Cet enfant est studieux, ces livres sont instructifs.

Le sujet est composé quand il réveille à l'esprit l'idée d'êtres de différentes espèces Exemple : Le cheval, le bœuf, la vache sont des animaux domestiques. Le sujet dans cette proposition est cheval, bœuf et vache; il est composé, car il représente bien des êtres de différentes espèces.

Le sujet est complexe quand il a des compléments. Exemple : L'amour du bien rend heureux. Le sujet l'amour, a pour complément indirect du bien.

Le sujet est incomplexe quand il n'a pas de complément. Exemple : L'Europe est la plus petite des cinq parties du monde. Le sujet l'Europe n'a aucune espèce de complément.

De l'Attribut.

L'attribut dans une proposition est aussi simple ou composé, complexe ou incomplexe.

L'attribut est simple quant il n'exprime qu'une manière d'être du sujet. Exemple : Cet enfant est aimable.

L'attribut est composé quand il exprime plusieurs manières d'être du sujet. Exemple : Cet enfant est aimable, honnête, doux. L'attribut dans cette proposition est aimable, honnête, doux ; il est bien composé, car il exprime trois manières d'être du sujet.

L'attribut est complexe quand il a des compléments. Exemple : Cet enfant est aimé de ses parents. Aimé, qui est l'attribut dans cette phrase, a pour complément indirect, de ses parents.

L'attribut est incomplexe quand il n'a pas de complément. Exemple : Cet enfant est aimé.

Du Verbe et de l'Attribut.

Le verbe dans une proposition est toujours, être ; s'il n'est pas distinct comme dans cette proposition : Dieu aime les bons, il faut le séparer de son attribut en le mettant au même temps que se trouve le verbe adjectif qui est dans la proposition ; ainsi dans la proposition ci-dessus, le verbe logique est *est* ; on l'a trouvé en prenant le verbe être à la troisième personne singulière du présent de l'indicatif, temps auquel se trouve le verbe adjectif aime.

Lorsque le verbe est un verbe adjectif, comme

dans la proposition citée plus haut, Dieu aime les bons, l'attribut est le participe présent de ce même verbe : ici, par conséquent l'attribut serait *aimant*; dans les verbes passifs, où le verbe être est sous sa forme simple, l'attribut est le participe passé ; ainsi dans cette proposition, je suis aimé, le verbe est suis, et l'attribut aimé.

L'attribut peut être énoncé par un substantif, par un pronom, par un infinitif, par un participe soit présent, soit passé, et par un adjectif; quelquefois il est énoncé par une proposition entière comme nous le verrons plus loin.

Le sujet est énoncé par un substantif ou tout autre mot qui joue le rôle d'un substantif, comme pronom, verbe à l'infinitif. Il est aussi quelquefois énoncé par une proposition.

Du Complément.

Le complément est tout ce qui complète la signification du sujet ou de l'attribut ; ainsi dans cette proposition : L'homme de bien sera récompensé, l'idée du mot homme est complétée par les deux mots qui le suivent, *de bien* ; ces deux mots en sont donc le complément. Le sujet et l'attribut sont seuls susceptibles d'avoir des compléments. Le verbe n'en a jamais, car pour marquer l'affirmation entre la convenance ou la disconvenance du sujet et de l'attribut, il ne faut pas de complément.

En analyse logique on considère quatre sortes de compléments, qui sont : le complément direct, le complément indirect, le complément circonstanciel et le complément modificatif.

Le complément direct est celui qui complète la signification du sujet ou de l'attribut sans le secours d'aucune préposition.

Le complément indirect, au contraire, est celui qui complète la signification du sujet ou de l'attribut avec le secours d'une préposition.

Ces deux sortes de compléments sont toujours exprimés, par un substantif, par un pronom, ou par un verbe à l'infinitif, c'est-à-dire par un substantif ou tout mot qui joue le rôle d'un substantif.

Le complément circonstantiel est celui qui sert à modifier la signification de l'attribut ; il est ainsi nommé, parce qu'il exprime les diverses circonstances dans lesquelles peut se trouver l'attribut ; il est toujours exprimé par un adverbe ou tous autres mots qui jouent le rôle d'adverbe, c'est-à-dire les locutions adverbiales. Il résulte de ce qui précède que les sujets n'auront jamais de compléments modificatifs, attendu que ce sont toujours des substantifs ou des mots qui jouent le rô'e de substantifs, et que ces sortes de mots ne sont point susceptibles de modification.

Le complément modificatif est celui qui s'ajoute au sujet ou à l'attribut pour lui donner une qualité ou pour y ajouter une manière d'être ; il est exprimé par un qualificatif, ou par un ensemble de mots qui, exprimant certaines manières d'être du sujet ou de l'attribut, peuvent aussi être appelés compléments modificatifs.

Une proposition incidente déterminative ou explicative est aussi complément du mot, sujet ou attribut, dont elle contribue à déterminer la signification. Exemple : L'homme qui fait le bien sera récompensé. — *Qui fait le bien,* est une proposition incidente déterminative , qui est complément de l'homme. Il n'a pas été donné une dénomination à ces sortes de compléments.

Maintenant que nous avons défini l'analyse logique, que nous avons donné, avec le plus grand soin, toutes les explications qui s'y rattachent, et fait connaître tous les éléments qui sont la base de cette matière si importante, nous allons faire, toujours avec le plus de développements possible, un certain nombre d'analyses qui présenteront toutes les difficultés qui peuvent surgir sur cette matière.

Pour faire une analyse logique, il faut d'abord faire la décomposition de la phrase en propositions, en plaçant la première, la principale, la seconde, l'incidente qui vient immédiatement se rattacher à cette principale, et ainsi de suite.

1re Analyse.

Dieu aime les hommes bons.

Cette phrase ne renferme qu'une proposition parce qu'il n'y a qu'un jugement énoncé, ou bien qu'un verbe à un mode personnel.

C'est une proposition principale, absolue et pleine; elle est principale, parce qu'elle est l'objet principal de la pensée et même le seul; absolue, parce qu'elle est la seule principale (évidemment puisqu'elle est seule proposition dans la phrase); et pleine, parce que toutes les parties constitutives, sujet, verbe et attribut, y sont énoncées.

Le sujet, Dieu, simple, ne réveillant à l'esprit que l'idée d'un seul être, et incomplexe, n'ayant pas de complément.

Le verbe est, est,

L'attribut, aiment, simple, n'exprimant qu'une manière d'être du sujet, et complexe, ayant pour complément direct les hommes bons. — En analyse grammaticale, le complément direct de aimant serait *hommes*, seulement; en analyse logique le complément est hommes et tous les mots qui se rattachent à hommes, c'est-à-dire, *les hommes bons*.

2^{le} Analyse.

Les oiseaux que j'ai aperçus tout à l'heure
chantaient très bien.

Cette phrase renferme deux propositions, parce qu'il y a deux jugements énoncés ou bien deux verbes à un mode personnel.

La première est : Les oiseaux chantaient très bien.

La deuxième   que j'ai aperçus tout à l'heure.

La première est une proposition principale, absolue et pleine — principale, parce quelle est l'objet principal de la pensée; absolue, parce qu'elle est la seule principale; et pleine, parce que toutes les parties essentielles, sujet, verbe et attribut, y sont énoncées.

Le sujet est, oiseaux, simple, ne réveillant à l'esprit que l'idée d'êtres de même espèce, et complexe, ayant pour complément la proposition suivante : que j'ai aperçus tout à l'heure; en effet, on voit bien que cette proposition détermine le mot oiseaux, et qu'on ne pourrait pas se contenter de dire, les oiseaux chantaient bien; il est utile de faire connaître les oiseaux dont il est question.

Le verbe est, étaient.

L'attribut, chantant, simple, n'exprimant qu'une manière d'être du sujet, et complexe, ayant pour complément circonstanciel *très bien*; très bien est une allocution adverbiale, et, comme nous l'avons vu plus haut, ces sortes de mots sont nommés compléments circonstanciels.

Nous venons de voir aussi que, pour trouver le verbe qui est *étaient*, nous n'avons eu qu'à prendre la troisième personne plurielle de l'imparfait de l'indicatif, temps auquel se trouve le verbe adjectif chantaient.

La seconde proposition est une incidente déterminative et pleine, incidente, parce qu'elle tombe sur le sujet de la principale, oiseaux ; déterminative, parce qu'on ne pourrait la supprimer sans nuire au sens ; il est évident qu'on ne pourrait dire, les oiseaux chantaient bien, seulement ; elle est pleine parce que toutes les parties constitutives y sont énoncées.

Le sujet est, je, simple, ne réveillant à l'esprit que l'idée d'un seul être; incomplexe, n'ayant pas de complément.

Le verbe est, ai été.

L'attribut apercevant (participe présent du verbe apercevoir); simple, n'exprimant qu'une manière d'être du sujet; et complexe ayant pour complément direct, que, remplaçant oiseaux. J'ai aperçu quoi ? lesquels oiseaux, et pour complément circonstanciel, tout à l'heure.

3me **Analyse**.

Les bœufs et les vaches que vous possédez sont nés dans la ferme que je viens d'acheter.

Cette phrase renferme trois propositions, parce qu'il y a trois jugements énoncés, ou bien trois verbes à un mode personnel.

La première est : Les bœufs et les vaches sont nés dans la ferme.

La deuxième   Que je viens d'acheter.

La troisième   Que vous possédez.

La première est une proposition principale, absolue et pleine ; elle est principale, parce qu'elle est l'objet principal de la pensée; absolue, parce qu'elle est la seule principale dans la phrase, et pleine, toutes les parties constitutives s'y trouvant énoncées.

Le sujet est bœufs et vaches, composé, réveillant à l'esprit l'idée d'êtres de différentes espèces, et complexe, ayant pour complément la proposition suivante, que vous possédez.

Le verbe est, ont été.

L'attribut, naissant, simple n'exprimant qu'une manière d'être du sujet, et complexe, ayant pour complément direct, dans la ferme.

Il faut remarquer ici que le verbe adjectif *sont nés* est un verbe neutre et non un verbe passif, par conséquent le verbe logique ne peut être sont, et l'attribut logique nés ; mais bien, le verbe ont été, c'est-à-dire la troisième personne plurielle du verbe être au passé indéfini, temps auquel se trouve *sont nés*, et l'attribut, *naissant*, participe présent du verbe naître.

La deuxième est une proposition incidente, déterminative et pleine; incidente, parce qu'elle tombe sur le complément de la principale, ferme ; déterminative, parce qu'on ne pourrait la supprimer de la phrase sans nuire au sens; et pleine, parce que toutes les parties constitutives sont exprimées dans la proposition.

Le sujet est je, simple, ne réveillant à l'esprit que l'idée d'un seul être, et incomplexe, n'ayant pas de complément.

Le verbe est, suis, première personne singulière du verbe être au présent de l'indicatif.

L'attribut, venant, simple, n'exprimant qu'une manière d'être du sujet, et complexe, ayant pour complément direct, d'acheter laquelle ferme représentée par que.

La troisième est une proposition incidente, déterminative et pleine; incidente, parce qu'elle tombe sur le sujet de la principale bœufs et vaches; déterminative, parce qu'on ne pourrait la supprimer sans nuire au sens; et pleine, parce que toutes les parties constitutives y sont énoncées.

Le sujet est, vous, simple, ne réveillant à l'esprit que l'idée d'un seul être ou d'êtres de même espèce, et incomplexe, n'ayant pas de complément.

Le verbe est, êtes, deuxième personne plurielle du verbe être au présent du mode indicatif.

L'attribut est, possédant, simple, n'exprimant qu'une manière d'être du sujet, et complexe, ayant pour complément direct que, remplaçant bœufs et vaches.

4me Analyse.

Il est des personnes chez lesquelles l'égoïsme est tel qu'il fait qu'elles sont repoussées de toutes les sociétés et haïes de tout le monde ; mais le nombre en est assez restreint.

Cette phrase renferme cinq propositions, parce qu'il y a cinq jugements énoncés, ou bien cinq verbes à un mode personnel.

La première est : Il est des personnes
La deuxième chez lesquelles l'égoïsme est tel
La troisième qu'il fait
La quatrième qu'elles sont repoussées de tou-
  tes les sociétés et haïes de
  de tout le monde ;
La cinquième mais le nombre en est assez res-
  treint.

La première est une proposition principale, absolue et ellyptique ; principale, parce qu'elle est un des objets principaux de la pensée ; il faut remarquer ici que nous ne disons point l'objet principal de la pensée, car ce n'est pas le seul objet principal, il y en a un autre dans la phrase : c'est la proposition énoncée la dernière et qui est une principale relative.

Elle est absolue parce qu'elle est la première principale, et ellyptique, parce qu'une partie essentielle, l'attribut, est sous-entendu.

Le sujet est personnes, simple, ne réveillant à l'esprit que l'idée d'êtres de même espèce, et complexe, ayant pour complément la proposition suivante.

Le verbe est, est.

L'attribut, existant, sous-entendu, c'est comme s'il y avait il est existant des personnes ; l'attribut est simple, n'exprimant qu'une manière d'être du sujet, et incomplexe, n'ayant pas de complément.

Nota. Le mot *il* est ici un mot vague qui n'est que pronom de la forme; *il est,* est un verbe impersonnel.

La deuxième est une proposition incidente, déterminative et pleine ; incidente, parce qu'elle tombe sur le sujet de la principale; déterminative, ne pouvant la supprimer sans nuire au sens; et pleine, parce que toutes les parties essentielles sont énoncées dans la proposition.

Le sujet est, l'égoïsme, simple, ne réveillant à l'esprit que l'idée d'un seul être, et incomplexe, n'ayant pas de complément.

Le verbe est, est.

L'attribut, tel, simple, n'exprimant qu'une manière d'être du sujet, et complexe, ayant pour complément indirect chez lesquelles.

La troisième est une proposition incidente, explicative et pleine; incidente, parce qu'elle tombe sur la précédente pour la compléter, explicative, parce qu'elle pourrait être supprimée sans qu'il fut nui au sens; en effet, on pourrait bien dire, il est des personnes chez lesquelles l'égoïsme est tel qu'elles sont repoussées de toutes les sociétés, etc., etc. — Elle est pleine, parce que toutes les parties essentielles sont énoncées dans la proposition.

Le sujet est, il, remplaçant égoïsme, simple, no
réveillant à l'esprit que l'idée d'un seul être, et incomplexe, n'ayant pas de complément.

Le verbe est, est; l'attribut, faisant, simple, n'exprimant qu'une manière d'être du sujet, et complexe, ayant pour complément direct la proposition
suivante : L'égoïsme est, faisant quoi? qu'elles sont
repoussées, etc.

La quatrième est une proposition incidente, déterminative et pleine; incidente parce qu'elle tombe
sur l'attribut de la précédente, faisant, dont elle est
le complément direct; déterminative, parce qu'on ne
pourrait la supprimer sans nuire au sens de la
phrase; et pleine, parce que toutes les parties constitutives y sont énoncées.

Remarquons ici que cette proposition est déterminative, quoique celle sur laquelle elle tombe soit
explicative; cela tient à ce que si on énonce la première, on ne peut s'empêcher d'énoncer la seconde;
en effet, on ne pourrait terminer la phrase ainsi : il
est des personnes chez lesquelles l'égoïsme est tel
qu'il fait..... Cette proposition est pleine, parce que
toutes les parties constitutives y sont énoncées.

Le sujet est, elles, remplaçant personnes, simple,
ne réveillant à l'esprit que l'idée d'êtres de même
espèce, et incomplexe, n'ayant pas de complément.

Le verbe est, sont.

L'attribut, repoussées et haïes; il est composé, exprimant deux manières d'être du sujet, et complexe, ayant pour compléments indirects, le premier
attribut, de toutes les sociétés, et le second, de tout
le monde ; on sait que le même mot ne peut avoir
deux compléments indirects, construits avec la même préposition.

La cinquième est une proposition principale, relative et pleine; principale, parce qu'elle est un des objets principaux de la pensée, ce qui se comprend très bien, car cette proposition ne dépend d'aucune autre, on pourrait l'énoncer seule et dire : le nombre des personnes égoïstes est restreint ; elle est relative, n'étant pas la première principale, et pleine parce que toutes les parties nécessaires dans une proposition y sont énoncées.

Le sujet est nombre, simple, ne réveillant à l'esprit que l'idée d'êtres de même espèce, et complexe, ayant pour complément indirect le pronom en, mis pour de cela, c'est-à-dire, le nombre des personnes.

Le verbe est, est.

L'attribut, restreint, simple, n'exprimant qu'une manière d'être du sujet, et complexe, ayant pour complément circonstanciel assez. Jusqu'à présent nous avons vu des propositions dans lesquelles le sujet et l'attribut ont été réciproquement simples, composés, complexes, incomplexes; nous avons également vu une proposition ellyptique, c'est-à-dire une proposition dans laquelle une partie constitutive n'était pas exprimée (analyse 4). Nous allons continuer par des analyses plus difficiles en les développant toujours le plus possible.

5me Analyse.

Quelques grandes richesses que vous possédiez, quels que soient les honneurs dont vous êtes entourés, vous n'êtes heureux si vous ne vivez dans la crainte de celui qui, d'un seul mot, peut bouleverser la face de la terre.

Cette phrase renferme six propositions parce qu'il y a six jugements énoncés, ou bien six verbes à un mode personnel.

La première est : Vous n'êtes heureux

La seconde   si vous ne vivez dans la crainte de celui

La troisième   qui, d'un seul mot, peut bouleverser la face de la terre.

La quatrième   quelques grandes richesses que vous posédiez

La cinquième   quels que soient les honneurs

La sixième   dont vous êtes entourés.

Nous voyons ici que la première proposition, c'est-à-dire la principale absolue, n'est point celle qui est la première énoncée ; en effet, quelques grandes richesses que vous possédiez, exprime une circonstance particulière, elle est, à proprement parler, un complément circonstanciel de la principale ; c'est comme si l'on disait : Vous ne serez heureux, quelques grandes richesses que vous possédiez, etc., etc., si vous ne vivez.

La première est, comme nous l'avons déjà dit, une proposition principale, absolue et pleine ; elle est principale, parce qu'elle est l'objet principal de la pensée, absolue, parce qu'elle est la seule principale; et pleine, parce que toutes les parties constitutives y sont énoncées.

Le sujet est, vous, simple, ne réveillant à l'esprit que l'idée d'un seul être, et incomplexe, n'ayant pas de complément.

Le verbe est, serez.

L'attribut, heureux, simple, n'exprimant qu'une manière d'être du sujet, et complexe, ayant pour complément circonstanciel ne. La négation ne, dans cette proposition, marque qu'il y a inconvenance entre le sujet et l'attribut.

La deuxième est une proposition incidente, déterminative et pleine; incidente, parce qu'elle tombe sur la proposition précédente pour en compléter le sens; déterminative, ne pouvant la supprimer sans nuire au sens de la phrase; et pleine, toutes les parties essentielles y étant énoncées.

Le sujet est, vous, simple, ne réveillant à l'esprit que l'idée d'un seul être, et incomplexe, n'ayant pas de complément.

Le verbe est, est; l'attribut, vivant, simple, n'exprimant qu'une manière d'être du sujet, et complexe, ayant pour complément direct : dans la crainte de celui, et pour complément circonstanciel : ne.

La troisième proposition est incidente, déterminative et pleine; incidente, parce qu'elle tombe sur le complément de la précédente; déterminative, parce qu'on ne pourrait la supprimer sans nuire au sens, et pleine, parce qu'elle contient toutes les parties essentielles.

Le sujet est, qui, remplaçant celui, simple, ne réveillant à l'esprit que l'idée d'un seul être, et incomplexe, n'ayant point de complément.

Le verbe est, est.

L'attribut, pouvant, simple, n'exprimant qu'une manière d'être du sujet, et complexe, ayant pour complément direct, bouleverser la face de la terre, et pour complément indirect, d'un seul mot. On pourrait encore considérer cet ensemble de mots, *d'un seul mot*, comme un complément circonstanciel.

La quatrième proposition est une incidente, explicative et pleine; incidente, n'ayant point par elle-même un sens complet, car elle dépend de la principale, dont elle peut être considérée comme un complément circonstanciel ; explicative, pouvant à la rigueur être supprimée de la phrase sans qu'il soit nui au sens, et pleine, toutes les parties constitutives y étant exprimées.

Le sujet est, vous, simple, ne réveillant à l'esprit que l'idée d'un seul être, et incomplexe n'ayant point de complément.

Remarque. Ce mot, *vous*, qui se présente très fréquemment, est un pronom de la seconde personne du pluriel, c ependant dans la langue française on l'emploie souvent pour représenter une seule personne, ce qui a lieu dans la proposition ci-dessus ; on ne veut ici s'adresser qu'à une seule personne, c'est pourquoi nous disons simple, ne réveillant à l'esprit que l'idée d'un seul être.

Le verbe est, soyez.

L'attribut, possédant, simple, n'exprimant qu'une manière d'être du sujet, et complexe, ayant pour complément direct, quelques grandes richesses.

La cinquième est une incidente, explicative encore et ellyptique; incidente, parce qu'elle n'a point par elle-même un sens complet, et qu'elle est ajoutée à la proposition principale pour en compléter la signification; explicative, parce qu'à la rigueur on pourrait la supprimer sans nuire au sens de la phrase, et elliptique, parce qu'une partie constitutive, l'attribut, est sous-entendue.

Le sujet est, honneurs, simple, ne réveillant à l'esprit que l'idée d'êtres de même espèce, et complexe, ayant pour complément la proposition suivante, *dont vous êtes entourés*.

Le verbe est, soient.

L'attribut, honneurs, sous-entendu, c'est comme s'il y avait quels honneurs soient les honneurs, etc.

L'attribut est simple, n'exprimant qu'une manière d'être du sujet, et complexe, ayant pour complément modificatif, quels.

La sixième est une proposition incidente, déterminative et pleine; incidente, parce qu'elle tombe sur le sujet de la précédente pour en compléter le sens; déterminative, ne pouvant la supprimer sans nuire au sens de la phrase; et pleine, toutes les parties constitutives s'y trouvant renfermées.

Le sujet est, vous, simple, ne réveillant à l'esprit que l'idée d'un seul être, incomplexe, n'ayant pas de complément.

Le verbe est, êtes.

L'attribut, entourés (êtes entourés est ici grammaticalement un verbe passif, par conséquent, l'attribut doit être le participe passé, entourés, comme nous l'avons du reste déjà fait voir). Simple, n'exmant qu'une seule manière d'être du sujet, et complexe, ayant pour complément indirect, *dont,* mis pour desquels malheurs.

6me Analyse.

*Il importe que vous observiez les commande-
ments de Dieu et de l'Eglise, si, un jour,
vous voulez posséder le royaume des Cieux.*

Cette phrase renferme trois propositions, parce
qu'il y a trois jugements énoncés, ou bien trois verbes à un mode personnel.

La première est : Il importe

La deuxième   que vous observiez les commandements de Dieu et de
l'Eglise,

La troisième   si, un jour, vous voulez posséder le royaume des Cieux.

La première est une proposition principale, absolue; principale, parce qu'elle est l'objet principal
de la pensée, et absolue, parce qu'elle est la seule
principale; elle est encore pleine, parce que toutes
les parties essentielles sont énoncées dans la phrase,
si non dans la proposition.

Le sujet est la proposition suivante : que vous
observiez, etc., etc.; simple, n'exprimant que l'é-
nonciation d'un seul jugement, et incomplexe,
n'ayant pas de complément.

Le verbe est, est, troisième personne singulière
du présent de l'indicatif, temps auquel se touve le
verbe impersonnel, il importe.

L'attribut, important, simple, n'exprimant qu'une
manière d'être du sujet, et incomplexe, n'ayant pas
de complément.

Cette phrase revient à ceci : que vous observiez les commandements de Dieu, etc., importe ou est important.

La deuxième proposition, c'est-à-dire le sujet de la principale, est une incidente, déterminative et pleine; incidente, parce qu'elle est ajoutée à la principale pour en compléter le sens; déterminative, parce qu'on ne pourrait la retrancher de la phrase sans en dénaturer le sens; et pleine, toutes les parties essentielles y étant exprimées.

Le sujet est, vous, simple, ne réveillant à l'esprit que l'idée d'un seul être, et incomplexe, n'ayant pas de complément.

Le verbe est, soyez.

L'attribut, observant, simple, n'exprimant qu'une manière d'être du sujet, et complexe, ayant pour complément direct, les commandements de Dieu et de l'Eglise.

La troisième est encore une incidente, déterminative et pleine; incidente, parce qu'elle s'ajoute à la précédente pour en compléter le sens; déterminative, ne pouvant la supprimer sans nuire au sens de la phrase; et pleine, parce que toutes les parties essentielles y sont exprimées.

Le sujet est, vous, simple, ne réveillant à l'esprit que l'idée d'un seul être, et incomplexe, n'ayant pas de complément.

Le verbe est, êtes.

L'attribut, voulant, simple, n'exprimant qu'une manière d'être du sujet, et complexe, ayant pour complément direct, posséder le royaume des Cieux, et pour complément indirect ou circonstanciel, un jour.

7me Analyse.

J'avais atteint l'âge de vingt ans, et mon frère l'âge de dix-huit ans, lorsque, tous les deux, nous nous embarquâmes pour le Nouveau-Monde.

Cette phrase renferme trois propositions, parce qu'il y a trois jugements énoncés, ou bien trois verbes à un mode personnel, dont deux énoncés et un sous-entendu.

La première est : J'avais atteint l'âge de vingt ans
La deuxième   et mon frère l'âge de dix-huit ans, sous-entendu, avait atteint.
La troisième   Lorsque, tous les deux, nous nons embarquâmes pour le Nouveau-Monde.

La première est une proposition principale, absolue et pleine; principale, parce qu'elle est un des objets principaux de la pensée; absolue, parce qu'elle est la première principale; et pleine, parce que toutes les parties essentielles y sont énoncées.

Le sujet est, je, simple, ne réveillant à l'esprit que l'idée d'un seul être, incomplexe, n'ayant pas de complément.

Le verbe est, avais été.

L'attribut, atteignant, simple, n'exprimant qu'une manière d'être du sujet, complexe, ayant pour complément direct, l'âge de dix-huit ans.

La deuxième est une principale, relative et ellyptique; principale, parce qu'elle est un des objets principaux de la pensée; relative, parce qu'elle n'est pas la première principale ; énoncée et ellyptique, parce que deux parties essentielles, le verbe et l'attribut, sont sous-entendues.

On comprend facilement que cette proposition est une principale, car, sans inconvénient, on pourrait l'énoncer la première et dire : mon frère avait atteint l'âge de dix-huit ans, et moi l'âge de vingt ans, etc., etc.

Le sujet est, mon frère, simple, ne réveillant à l'esprit que l'idée d'un seul être, et complexe, ayant pour complément modificatif, mon.

Le verbe est, avait été, sous-entendu.

L'attribut, atteignant, aussi sous-entendu, simple, n'exprimant qu'une manière d'être du sujet, et complexe, ayant pour complément indirect, l'âge de dix-huit ans.

La troisième est une proposition incidente, déterminative et explétive ou redondante; incidente, parce qu'elle s'ajoute aux deux principales pour en compléter le sens; déterminative, ne pouvant en aucune manière la retrancher sans dénaturer le sens de la phrase; et explétive ou redondante, parce qu'une partie constitutive, le sujet, est exprimée deux fois. — C'est pour donner plus d'énergie à la phrase qu'on a mis ici, quand *tous les deux nous nous embarquâmes*, au lieu de mettre tout simplement, quand nous nous embarquâmes.

Le sujet est, tous les deux nous, simple, ne réveillant à l'esprit que l'idée de deux êtres de même nature, et incomplexe, n'ayant pas de complément.

Le verbe est, fûmes.

L'attribut, embarquant, simple, n'exprimant

qu'une manière d'être du sujet, et complexe, ayant pour complément direct; *nous nous embarquâmes,* qui? nous, et pour complément indirect, *pour le nouveau monde.*

Nous avons ici l'exemple d'une proposition explétive ou redondante, et, comme nous l'avons dit plus haut, nous voyons que c'est une proposition dans laquelle une partie constitutive redonde, c'est-à-dire est exprimée plusieurs fois.

8me Analyse.

Qui d'entre-vous se permettra de violer mes ordres ?

Cette phrase renferme deux propositions parce qu'il y a deux jugements énoncés ou bien deux verbes à un mode personnel, énoncés ou sous-entendus.

La première est : Je demande, sous-entendu.

La deuxième   Qui d'entre-vous se permettra de violer mes ordres.

Nota. — Devant toute phrase interrogative, la proposition principale absolue est, je demande, sous-entendu.

La proposition, qui d'entre-vous se permettra, etc., ne peut être une proposition principale pour deux motifs : le premier, c'est qu'elle commence par un pronom relatif interrogatif, et le second, c'est qu'elle est un complément direct de la principale ; je demande quoi ? Qui d'entre-vous.—On voit bien qu'on demande une chose ; il faut donc que la proposition, je demande, soit sous-entendue ; d'ailleurs,

rien n'empêcherait qu'on l'exprimât, et qu'on dit :
Je demande qui d'entre-vous se permettra de violer
mes ordres.

La première est une proposition principale, absolue et pleine ; principale, parce qu'elle est l'objet
principal de la pensée ; absolue, parce qu'elle est
la seule principale ; et pleine , parce que toutes les
parties constitutives y sont énoncées.

Le sujet est, je, simple, ne réveillant à l'esprit
que l'idée d'un seul être, incomplexe, n'ayant pas
de complément.

Le verbe est, suis.

L'attribut, demandant, simple, n'exprimant
qu'une manière d'être du sujet et, complexe, ayant
pour complément direct la proposition suivante, qui
répond bien à la question quoi. Je suis demandant
quoi ? Qui d'entre-vous se permettra, etc.

La deuxième est une incidente, déterminative et
pleine ; incidente, parce qu'elle s'ajoute à l'attribut
de la principale pour en compléter le sens ; déterminative, parce qu'elle ne pourrait être supprimée
de la phrase sans qu'il fut nui au sens ; et pleine,
parce que toutes les parties essentielles y sont énoncées.

Le sujet est, qui, simple, ne réveillant à l'esprit
que l'idée d'un seul être, complexe, ayant pour complément indirect, d'entre vous.

Le verbe est, sera.

L'attribut, permettant, simple, n'exprimant
qu'une manière d'être du sujet, et complexe, ayant
pour complément direct, de violer mes ordres, —
et pour complément indirect, *se*, mis pour *à soi*.

Il faut remarquer ici que violer mes ordres n'est
pas un complément indirect quoiqu'il soit précédé

de la préposition de, car il répond bien à la question quoi ; se permettra quoi ? de violer mes ordres, c'est une manière de parler en français.

9ᵐᵉ **Analyse.**

Penses-tu que ton titre de roi me fasse peur ni me soucie, disait un jour le moucheron au lion.

Cette phrase renferme quatre propositions parce qu'il y a quatre jugements énoncés ou bien quatre verbes à un mode personnel.

La première est : Disait un jour le moucheron au lion.

La deuxième   Penses-tu

La troisième   que ton titre de roi me fasse peur

La quatrième   ni me soucie (sous-entendu que ton titre de roi me soucie).

La première est une proposition principale, absolue et pleine ; principale, parce qu'elle est l'objet principal de la pensée ; absolue, parce qu'elle est la seule principale ; et pleine, parce que toutes les parties constitutives y sont énoncées.

Quoique cette proposition ne soit pas énoncée la première dans la phrase, on comprend facilement qu'elle doit être la principale absolue, attendu qu'elle est bien le principal objet de la pensée et que la première énoncée n'est qu'un complément de celle-là.

Le sujet est, le moucheron, simple, ne réveillant

à l'esprit que l'idée d'un seul être, incomplexe n'ayant pas de complément.

Le verbe est, était.

L'attribut, disant, simple, n'exprimant qu'une manière d'être du sujet, et complexe, ayant pour complément direct la proposition suivante, pour complément indirect, au lion, et pour complément circonstanciel, un jour.

La deuxième est une incidente, déterminative et pleine ; incidente, parce qu'elle tombe sur la principale pour en compléter le sens ; déterminative, ne pouvant la supprimer sans nuire au sens de la phrase ; et pleine, renfermant toutes les parties constitutives, sujet, verbe et attribut.

Le sujet est, tu, simple, ne réveillant à l'esprit que l'idée d'un seul être, incomplexe, n'ayant pas de complément.

Le verbe est, es.

L'attribut, pensant, simple n'exprimant qu'une manière d'être du sujet, et complexe, ayant pour complément direct la proposition suivante

La troisième est une incidente, déterminative et pleine ; incidente, parce qu'elle tombe sur l'attribut de la principale ; déterminative, ne pouvant être supprimée sans qu'il soit nui au sens de la phrase ; et pleine, toutes les parties essentielles s'y trouvant énoncées.

Le sujet est, titre, simple, ne réveillant à l'esprit que l'idée d'un seul être, complexe, ayant pour complément indirect, de roi, et pour complément modificatif, ton, adjectif déterminatif positif.

Le verbe est, sois.

L'attribut, faisant, simple, n'exprimant qu'une manière d'être du sujet et complément, ayant pour complément direct, peur, et pour complément indirect, me, mis pour *à moi;* c'est-à-dire, fasse peur à qui ? *à moi.*

La quatrième est une proposition incidente, explicative et elliptique.; incidente, parce qu'elle tombe sur la proposition précédente et qu'elle n'a point par elle-même un sens complet.; explicative, pouvant être supprimée sans qu'il soit nui au sens de la phrase; et elliptique, une partie essentielle, le sujet, étant sous-entendue.

Le sujet est, titre, sous-entendu, simple, ne réveillant à l'esprit que l'idée d'un seul être, et complexe, ayant pour complément indirect, de roi, et pour complément modificatif, ton, comme dans la proposition précédente.

Le verbe est, soit.

L'attribut, souciant, simple, n'exprimant qu'une manière d'être du sujet, et complexe, ayant pour complément direct, me, mis pour *moi.*

NOTA. — Ces deux dernières propositions pourraient être considérées comme n'en formant qu'une seule, dans laquelle le verbe serait, soit, et l'attribut composé, faisant et souciant. Lorsque deux propositions, se trouvant l'une à côté de l'autre, ont les verbes au même temps et à la même personne, ces deux propositions peuvent être converties en une seule, dans laquelle le verbe logique est le verbe être au même temps et à la même personne que se trouvent les deux verbes adjectifs de ces deux propositions, et l'atribut, le participe présent des deux verbes, l'attribut seulement serait composé comme nous venons de le faire voir.

10ᵐᵉ **Analyse.**

Qui aura vécu en ce monde en homme de bien,
pourra s'attendre à jouir éternellement après
sa mort du bonheur des élus.

Cette phrase renferme deux propositions parce
qu'il y a deux jugements énoncés, ou bien deux
verbes à un mode personnel.

    La première est : Pourra s'attendre à jouir éter-
nellement après sa mort du
bonheur des élus.

    La deuxième   Qui aura vécu en ce monde en
homme de bien.

La première proprosition est principale, absolue
et ellyptique ; principale, parce qu'elle est l'objet
principal de la pensée ; absolue, étant la seule principale ; et ellyptique, une partie constitutive, le
sujet, étant sous-entendue.

Le sujet est, celui ou l'homme, sous-entendu,
simple ne réveillant à l'esprit que l'idée d'un seul
être, et complexe, ayant pour complément la proposition suivante, qui aura vécu en homme de bien.
Cette phrase revient à ceci : Celui qui aura vécu en
homme de bien pourra s'attendre à jouir éternellement après sa mort du bonheur des élus.

La deuxième est une proposition incidente, déterminative et pleine ; incidente, parce qu'elle tombe
sur le sujet de la principale, celui ou l'homme,
sous-entendu ; déterminative, ne pouvant la supprimer sans nuire au sens de la phrase ; et pleine,
toutes les parties constitutives, sujet, verbe et attribut, y étant exprimées.

Le sujet est, qui, remplaçant, celui, simple, ne réveillant à l'esprit que l'idée d'un seul être, et incomplexe, n'ayant pas de complément.

Le verbe est, aura été.

L'attribut, vivant, simple, n'exprimant qu'une manière d'être du sujet, qui, et complexe, ayant pour complément indirect, en ce monde, et pour complément circonstanciel, en homme de bien ; en homme de bien est plutôt un complément circonstanciel qu'un complément indirect, car, cet ensemble de mots forme une locution adverbiale, et ensuite, si on en faisait un complément indirect, l'attribut, vivant, aurait deux compléments de cette nature construits avec la même proposition, ce qui ne doit pas avoir lieu.

11me Analyse.

Hélas ! que je souffre.

Cette phrase renferme deux propositions parce qu'il y a deux jugements énoncés, ou bien deux verbes à un mode personnel énoncés ou sous-entendus.

La première est : Hélas! Interjection qui équivaut à : *je me plains.*

La deuxième   Que je souffre.

La première est une proposition principale, absolue et implicite ; principale, parce qu'elle est un des deux objets principaux de la pensée ; absolue, étant la première principale ; et implicite, toutes les parties constitutives d'une proposition étant renfermées dans le seul mot, *hélas,* qui marque une émotion de l'âme, qui exprime la douleur et qui peut bien, par conséquent, être remplacé par ces trois mots, *je me plains*.

Le sujet est, je, simple, ne réveillant à l'esprit que l'idée d'un seul être, incomplexe, n'ayant point de complément.

Le verbe est, suis.

L'attribut, plaignant, simple, n'exprimant qu'une manière d'être du sujet, et complexe, ayant pour complément direct, me, mis pour *moi*, je plains qui? moi.

La deuxième est une proposition principale, relative et pleine; principale, parce qu'elle est un des objets principaux de la pensée; relative, parce qu'elle n'est point la première principale; et pleine toutes les parties essentielles y étant énoncées.

Le sujet est, je, simple, ne réveillant à l'esprit que l'idée d'un seul être, incomplexe, n'ayant pas de complément.

Le verbe est, suis.

L'attribut, souffrant, simple, n'exprimant qu'une manière d'être du sujet, et complexe, ayant pour complément circonstanciel l'adverbe, que, mis pour *combien*.

12me Analyse.

Au pied du mont Adule, entre mille roseaux,
Le Rhin, tranquille et fier du progrès de ses eaux,
Appuyé d'une main sur son urne penchante,
Dormait au bruit flatteur de son onde naissante.

Boileau.

Cette phrase ne renferme qu'une proposition parce qu'il n'y a qu'un jugement énoncé, ou bien qu'un verbe à un mode personnel. C'est une proposition principale, absolue et pleine ; principale , parce qu'elle est le seul objet principal de la pensée ; absolue, parce qu'elle est la seule principale, et même seule proposition dans la phrase ; et pleine, toutes les parties constitutives y étant exprimées.

Le sujet est, Rhin, simple, ne réveillant à l'esprit que l'idée d'un seul être, et complexe, ayant pour complément modificatif, tranquille et fier du progrès de ses eaux.

Le verbe est, était.

L'attribut, dormant, simple, n'exprimant qu'une manière d'être du sujet, et complexe, ayant pour complément indirect, au bruit flatteur de son onde naissante, pour complément indirect encore, au pied du mont Adule entre mille roseaux, et pour complément modificatif, appuyé d'une main sur son urne penchante.

———

Dans les deux analyses que nous allons faire et qui seront les dernières, nous nous bornerons à indiquer la nature des propositions sans l'expliquer (cela ayant été fait avec soin jusqu'à présent) ; et nous nous dispenserons de dire pourquoi le sujet et l'attribut sont simples ou composés.

13ᵐᵉ **Analyse**.

Au combat aussitôt tous ces guerriers s'avancent,
Et comme des lions sur l'ennemi s'élancent,
Franchissent des ravins et gravissent des monts,
Sous le feu meurtrier des mousquets, des canons.
Les zouaves bientôt mettent tout en déroute,
A travers les canons ils s'ouvrent une route;
Pleins d'ardeur, de courage et d'intrépidité,
Ils poursuivent leur proie avec rapidité.

Huc.

Cette phrase renferme sept propositions parce qu'il y a sept jugements énoncés ou bien sept verbes à un mode personnel.

La première est : Au combat aussitôt tous ces guerriers s'avancent.

La deuxième Et, sur l'ennemi s'élancent.

La troisième Comme des lions, sous-entendu s'élancent.

La quatrième Franchissent des ravins et gravissent des monts, sous le feu meurtrier des mousquets, des canons.

La cinquième Les zouaves bientôt mettent tout en déroute.

La sixième A travers les canons, ils s'ouvrent une route.

La septième Pleins d'ardeur, de courage et d'intrépidité, ils poursuivent leur proie avec rapidité.

La première proposition est une principale, absolue et pleine.

Le sujet est, guerriers, simple et complexe; complexe, ayant pour complément modificatif, tous,
adjectif déterminatif indéfini.

Le verbe est, sont.

L'attribut, avançant, simple et complexe; complexe, ayant pour complément direct, se, mis pour,
soi, pour complément indirect, au combat, et pour
complément circonstanciel, encore.

La deuxième est une principale, relative et ellyptique.

Le sujet est, guerriers, sous-entendu; c'est comme s'il y avait : Et les guerriers sur l'ennemi s'élancent; il est simple et incomplexe.

Le verbe est, sont.

L'attribut, élançant, simple et complexe; complexe, ayant pour complément direct, se, mis pour
soi.

Ces guerriers élancent qui? *soi*.

La troisième est une proposition incidente, explicative et ellyptique.

Le sujet est, lions, simple et incomplexe.

Le verbe est, sont, sous-entendu.

L'attribut, élançant, aussi sous-entendu; c'est
comme s'il y avait : *comme des lions s'élancent*; il est
simple et complexe; complexe, ayant pour complément direct, se, sous-entendu, mis pour *soi*. Dans
cette proposition nous avons deux parties essentielles, le verbe et l'attribut, qui sont sous-entendues, ainsi qu'un complément direct. La conjonction,
comme, qui marque une comparaison, est toujours
l'indice d'une proposition...

La quatrième est une proposition principale, relative et ellyptique.

Le sujet est, guerriers, sous-entendu, simple et ncomplexe.

Le verbe est, sont.

L'attribut, franchissant et gravissant, composé et complexe; complexe, ayant pour complément direct, des ravins et des monts, et pour complément indirect, sous le feu meurtrier des mousquets, des canons. Le complément direct, des ravins et des monts, quoique construit avec la préposition, de, est bien complément direct, cela tient à ce que cette préposition est prise dans un sens partitif; à la rigueur on pourrait la supprimer.

La cinquième est une principale, relative et pleine.

Le sujet est, zouaves, simple et incomplexe.

Le verbe est, sont.

L'attribut, mettant, simple et complexe; complexe, ayant pour complément direct, tout, pour complément indirect, en déroute, et pour complément circonstanciel, aussitôt.

La sixième est une principale, relative et pleine.

Le sujet est, ils, remplaçant zouaves, simple et incomplexe.

Le verbe est, sont.

L'attribut, ouvrant, simple et complexe; complexe, ayant pour complément direct, une route, pour complément indirect, se, mis pour, *à soi*, et pour autre complément indirect, à travers les canons.

La septième est une principale, relative et pleine.

Le sujet est, ils, remplaçant, zouaves, simple et complexe; complexe, ayant pour complément modificatif, pleins d'ardeur, etc.

Le verbe est, sont.

L'attribut , poursuivant , simple et complexe ; complexe, ayant pour complément direct, leur proie, et pour complément indirect, avec rapidité.

On comprend facilement que, sauf une, la troisième, toutes les propositions que referme cette phrase, sont des principales relatives ; en effet, ces propositions ont toutes par elles-mêmes un sens complet, car on pourrait énoncer chacune d'elles seule ou la première et dire, par exemple, en commençant par la troisième : Ces guerriers, comme des lions, s'élancent sur l'ennemi, etc., etc.

14ᵐᵉ **Analyse.**

Il est utile de bien connaître l'analyse logique pour reconnaître facilement les fautes que l'on peut commettre en écrivant la langue française.

Cette phrase renferme deux propositions parce qu'il y a deux jugements énoncés ou bien deux verbes à un mode personnel.

La première est : Il est utile de bien connaître l'analyse logique pour reconnaître facilement les fautes.

La deuxième   Que l'on peut commettre en écrivant la langue française.

La première est une proposition principale, absolue et pleine.

Le sujet est, connaître, simple et complexe ; complexe, ayant pour complément direct, l'analyse logique, et pour complément circonstanciel, bien.

Le verbe est, est.

L'attribut, utile, simple et complexe; complexe, ayant pour complément indirect, pour reconnaître facilement les fautes.— Cette phrase revient à ceci : de bien connaître l'analyse logique pour reconnaître facilement les fautes, est utile. Le mot, il, est, comme nous l'avons déjà vu une autre fois, un pronom personnel de la forme; il n'est employé que pour la douceur de la phrase.

La seconde est une proposition incidente, déterminative et pleine. Il faut remarquer ici que cette proposition pourrait, à la rigueur, être considérée comme explicative, car elle n'est qu'un complément d'un complément de la principale, et, si on voulait bien on pourrait terminer la phrase au mot fautes.

Le sujet est, on, simple et incomplexe.

Le verbe est, est.

L'attribut, pouvant, simple et complexe; complexe, ayant pour complément direct, commettre lesquelles fautes en écrivant la langue française.

Le pronom relatif, que, n'est pas complément direct de peut, mais bien de commettre; c'est pourquoi nous disons ayant pour complément direct, commettre *lesquelles fautes* en écrivant, etc., etc.

Nous voyons par l'analyse de la sixième phrase, qu'il est, pour ainsi dire, impossible de bien faire une analyse grammaticale, sans la connaissance de l'analyse logique; quel serait en effet le sujet grammatical du verbe importe ? ce n'est pas un seul mot, mais bien toute la proposition suivante : Que vous observiez les commandements de Dieu et de l'Eglise. Mais, pour reconnaître que le sujet est cet ensemble de mots qui forment une proposion, il faut avoir appris ce que c'est qu'une proposition. Nous avions donc raison de dire que la connaissance de l'analyse logique est, pour ainsi dire, la clef de la construction des phrases en français.

Pour bien faire une analyse logique, il faut, ainsi que nous l'avons dit au commencement, faire la décomposition de la phrase en propositions, en plaçant, la première, la principale absolue; la principale absolue est celle qui est l'objet principal de la pensée; on n'a donc qu'à distinguer, quel est dans la phrase, l'ensemble de mots formant une proposition, qui est l'objet principal de l'idée, et cet objet principal sera la proposition principale absolue. Après la principale absolue, on place les principales relatives, s'il en existe, c'est à dire les propositions qui ont, par elles mêmes, un sens complet, et qui peuvent être exprimées seules, ou chacune, la première; viennent ensuite les incidentes déterminatives qui se rattachent à la principale absolue, et ainsi de suite.